まえがき

　当協会は、出版業の特有な商慣習から発生する税務会計処理について研究を重ね、税務当局との協議を行いその理解を得て、それらを踏まえて出版税務会計上の留意点を明らかにしてきました。

「出版税務会計の要点」は、こうした出版業の取引形態が税法等でどのような取扱いとなっているかについて根拠を示し、また最近の関係法令等の改正も加えて、出版税務会計の留意点としてまとめ、出版業における適正な企業会計の定着と妥当な税務処理の参考とする次第です。

　　　　　　　　　　　　　　　　　　　　　一般社団法人　日本書籍出版協会
　　　　　　　　　　　　　　　　　　　　　　　　　　　　出版経理委員会

目次

1. 出版業の産業分類 ……………………………………………… 3
2. 出版業における売上計上の時期 ……………………………… 4
3. 出版業の原価計算 ……………………………………………… 7
4. 単行本在庫調整勘定 …………………………………………… 11
5. 返品調整引当金 ………………………………………………… 17
6. 返品債権特別勘定 ……………………………………………… 24
7. 常備寄託品 ……………………………………………………… 30
8. 出先在庫品 ……………………………………………………… 32
9. 「紙型」の評価計上 …………………………………………… 34
10. 出版業における交際費等と関連費用 ………………………… 36
11. 報酬・料金等に係る源泉課税 ………………………………… 41
12. 非居住者又は外国法人に係る源泉課税 ……………………… 47

省 略 用 語 例

出版税務会計の要点において使用した次の省略用語は、それぞれ次に掲げる法令等を示す。

法…………法人税法	法令…………法人税法施行令
法基通………法人税基本通達	所法…………所得税法
所令…………所得税法施行令	所基通………所得税基本通達
消法…………消費税法	消令…………消費税法施行令
消基通………消費税法基本通達	措法…………租税特別措置法
措令…………租税特別措置法施行令	措通…………租税特別措置法関係通達
措規…………租税特別措置法施行規則	

1．出版業の産業分類

　出版業は、総務省作成の＜日本標準産業分類＞が2002年（平成14年）10月に改訂され、新しく大分類の「G　情報通信業」が設けられ、中分類「41　映像・音声・文字情報制作業」の小分類「414　出版業」に分類された。税法上においての事業区分は、消費税法の第3種事業に該当するものとし（消基通13－2－5）、従来どおり製造業として取扱うこととしている。

　したがって、自己の製造等に係る棚卸資産の取得価格、その他法人税法等に規定する製造業に関する事項はすべて適用され、貸倒引当金では租税特別措置法で中小企業の特例措置があり、その繰入限度額を計算する場合も同様である。

　ただし、法人事業税の分割基準においては、非製造業となる（地方税法72条の48）。

2．出版業における売上計上の時期

　企業会計の損益は、各事業年度に実現した総収益と発生した総費用との差額を期間計算によって計算することを基本としている（法22条）。こうした期間損益計算のもとでは、棚卸資産の販売による収益をどの事業年度に帰属させるかが問題となる。
　税法上での収益の額は、出版物の引渡しがあった日の属する事業年度の益金の額に算入するのであるが、その引渡しの日がいつであるかについては、出版物の販売契約の内容等に応じ、その引渡しの日として合理的であると認められる日のうち、法人が継続してその収益計上を行うこととしている日によるものとしている（法基通2－1－2）。例えば、出荷基準によっていても、出版物の種類、相手先等の異なるごとに検収基準を併用することも、販売の実態にあうものであれば、継続適用を条件に認められる。

【参考】（決算締切日）税法上は事業年度終了時までの収益と費用をすべて計上し、決算の確定及び税務申告を行うのが原則であるが、商慣習その他相当の理由により、決算締切日を定款所定の事業年度終了の日以前、おおむね10日以内の一定日としている場合には、継続適用を条件に認められる。例えば、取次会社への売上を25日締めとするなど合理的理由のある費目毎に適用して差し支えない（法基通2－6－1）。

1）委託販売（返品条件付販売）

　出版業における「委託販売」は、返品条件付販売（又は買戻し条件付販売）であり、税法等に規定されている「委託販売」（法基通2－1－3）とは異なる。新刊委託、長期委託等がある。
　したがって売上の計上は、取次会社等に出荷した時（引渡基準）をもって売上に計上し、返品を検品し受け入れた時に返品された額を総売上高から控除する。
　税法は、このような返品条件付販売について、返品による損失見込額等を損金経理により、「返品調整引当金」（※平成30年度に廃止されたが、令和12年3月31日まで経過措置での運用が可能。詳細はP.17、P.23参照）又は「返品債権特別勘定」（P.24参照）を設定し繰り入れることを認めている。

2）注文・買切販売

　取次会社・書店等からの注文による販売で、原則として返品をともなわない。売上の計上は、引渡基準による。

3）常備寄託による販売（P.30）

　出版社が、書店等との契約に基づき、自社出版物のうち一定数量を一定期間、書店等へ店頭陳列見本品として寄託し、読者の注文を受ける販売方法である。

　したがって、常備寄託品は初回出荷時は売上に計上しないで、補充注文品のみを注文・買切と同様、引渡基準で売上に計上する。

4）出先在庫による販売（P.32）

　流通の迅速性を図るため、出版社と取次会社間で出先在庫品に関する契約を取り交わし、出版社は取次会社の流通倉庫等へ自己の出版物を置き、取次会社は必要に応じ随時、この流通倉庫から出庫をすることによって取引が成立する販売方法である。

　出先在庫による販売の売上計上は、取次会社からの出庫報告によって計上する。

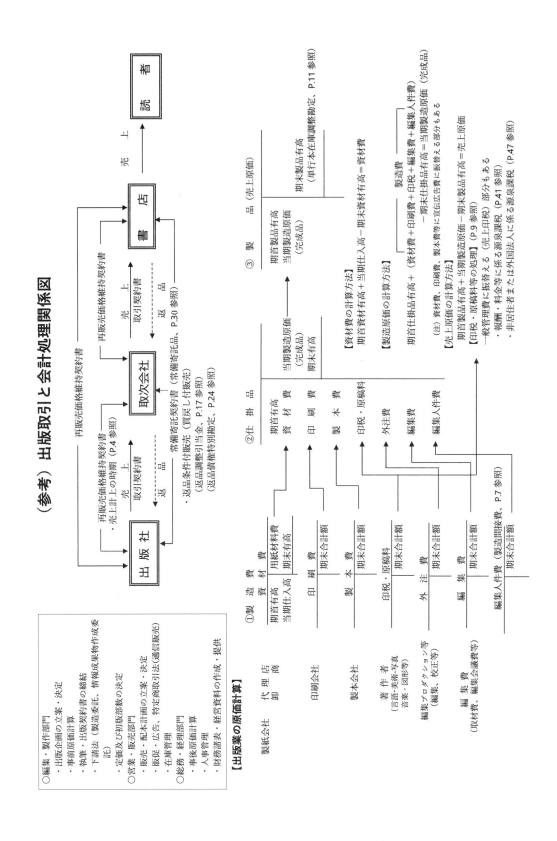

3．出版業の原価計算

　自己の製造等に係る棚卸資産の取得価額には、その製造等のために要した原材料費、労務費及び経費の合計額のほか、消費又は販売の用に供するために直接要した費用の額を含む（法令32条①二、法基通5－1－3）。すなわち、税法上は実際原価によることを規定している。

1）製造直接費
　出版業における製造直接費は、おおむね次のとおりである。
　a.用紙材料費　　b.印刷費　　c.製本費　　d.印税・原稿料　　e.編集費（取材費を含む）
　f.編集人件費
　出版業においては、編集人件費を個々の出版物に直接配賦することは実務上困難な場合が多い。したがって、個々の出版物ごとに製造直接費として把握できる場合を除き、製造間接費として、これを処理することができる。
　プロダクション等に製作委託をした場合の費用は、個々の出版物ごとに把握できるので、原則として、製造直接費として処理する。

2）製造間接費の配賦
　法人が算定した原価の額が、税法上で定める実際原価の額に満たない場合には、その差額のうち期末棚卸資産に対応する部分の金額を、当該期末棚卸資産の評価額に加算しなければならない（法基通5－3－1）。その取扱いは、おおむね次のとおりである。
(1) 製造間接費とした下記の編集人件費等は製造原価に算入する
　　編集、出版、製作、校正関係部門における人件費
　　（給料、手当、賞与、退職金、退職給付拠出額、法定福利費等）
(2) 製造原価に算入しないことができる費用（法基通5－1－4）
　① 使用人等に支給した賞与のうち、例えば創立何周年記念賞与のように特別に支給される賞与の額（通常の賞与に相当する金額を除く）。
　② 複写して販売するための原本となるソフトウエアの償却費の額。また、ソフトウエアの取得価格に算入しないことができる費用として、製作計画の変更等に伴う製作費用、研究開発費等（法基通7－3－15の3）、ソフトウエアの除却等の損金算入（法基通7－7－2の2）。
　③ 事業税の額。
　④ 借入金の利子の額。

(3) 返品などによる出版物の整理、手入れに要する費用の取扱い

　　整理、手入れに要する費用は、法基通5－1－3では当該棚卸資産の製造原価のおおむね3％以内の金額に限定されているが、当初の取得価額で評価している場合は、棚卸資産の取得価額に含めないで、当期製造原価又は販売費として処理することができる。

(4) 原価差額の調整を要しない場合（法基通5－3－3）

　　原価差額が少額（総製造費用のおおむね1％相当額以内）である場合は、その計算明細書を確定申告書に添付することを要件として配賦を行わないことができる。

3) 製造間接費の調整方法

　製造間接費の配賦計算方法については、税法は簡便調整方法以外に何ら規定していない。すなわち、企業の業種、業態、規模あるいは製品の種類等に応じて採用する計算方法を認めている。売上原価と当期製造原価の関係は、以下のようになる。

期首仕掛品棚卸高	××××		
製造直接費	××××	期首製品棚卸高	××××
製造間接費	××××	当期製造原価	××××
期末仕掛品棚卸高	△××××	期末製品棚卸高	△××××
当期製造原価	××××	売上原価	××××

(1) 製造間接費を製品の製造原価のみに配賦する場合（法基通5－1－5）

　　法人の事業の規模が小規模等のため製品、半製品又は仕掛品に配賦することが困難な場合には、製造間接費を製品の製造原価だけに配賦することができる。

(2) 原価差額の簡便調整方法（法基通5－3－5）

　　原価差額を仕掛品、半製品及び製品の順に配賦しないで、次の算式により期末棚卸資産に一括して配賦することができる。

〈配賦の算式〉

$$原価差額 \times \frac{期末の製品、半製品、仕掛品の合計額}{売上原価 + 期末の製品、半製品、仕掛品の合計額}$$

簡便調整方法は、税務行政の簡素化という見地から便宜手段として認めているものなので、前期からの繰越在庫が多額の場合や原価差額が多額の場合には不合理な計算とならざるを得ない。簡便調整方法の採用には十分な配慮が必要である。

(3) 翌期における処理（法基通５－３－７）

原価差額を期末棚卸資産に一括配賦している場合は、その金額を翌事業年度の損金に算入することができる。したがって、配賦した製造間接費は翌期において洗替えすることができる。

４）印税・原稿料等の処理

印税・原稿料は、その支払方法の違い及び支払債務の発生時期によって、(1) 原稿料、(2) 発行印税、(3) 売上印税に分けることができる。その支払方法及び支払債務の確定は、出版契約等に定めるところによるが、その会計処理は原則として次の通りである。

(1) 原稿料

著作物の一編又は原稿用紙の枚数を基準に一定の金額を定めて支払う著作権使用料。

原稿料は原則として原稿の授受によって、支払債務が発生し、全額を製造原価へ算入する。いわゆる買取原稿料又は印税の一括払い（発行部数を基準としない）も、同様の処理となる。

(2) 発行印税

出版物の発行部数を基準にして支払う著作権使用料。

発行印税は、原則として出版物の発行時に支払債務が発生し、全額を製造原価へ算入する。

(3) 売上印税

出版物の販売部数を基準にして支払う著作権使用料。

売上印税は、出版物が販売されることによって支払債務が発生するので、当期製造原価又は販売費として処理することができる（法基通５－１－４）。

(4) 保証印税

売上印税のうち、ある一定金額又は一定部数相当金額を販売の実現の可否にかかわらず支払う著作権使用料。

保証印税は製造原価に算入し、それを超える部分については、当期製造原価又は販売費として処理することができる（法基通5－1－4）。

(5) 翻訳権使用料

翻訳出版の対価として支払う著作権使用料。

翻訳権使用料は通常、販売部数を基準にして支払うロイヤルティ(売上印税に相当)と、ロイヤルティのうち販売の有無にかかわらず契約とともに支払うアドヴァンス（前払金又は契約金、保証印税に相当）になっている。

ロイヤルティは(3)売上印税の処理と同様である。アドヴァンスは(4)保証印税の処理と同様であるが、発行までの間は仕掛品とし、原則として発行時に製造原価に算入する。

4．単行本在庫調整勘定

　出版物という商品の特性は、出版物の文化性から少数の需要にも応えていく社会的責任があること、さらに商品としての代替性がないこと、著作権者に対して継続出版の義務を負うことなどである。これらの要因により売れ残り出版物は、著しい陳腐化があったものとして、棚卸資産の評価損の計上が認められてきた。

　1951年（昭和26年）以来、東京国税局との間で「売れ残りによって陳腐化した書籍の評価基準」についてのアグリーメントを交わし実施してきたが、1980年（昭和55年）5月の法人税基本通達の改正により「単行本在庫調整勘定」として、これまでの評価損計上と実質的に変更なく、基本通達に追加された。

　したがって、ここでいう「単行本」は「書籍」と同義である。

1）設定基準

> **（単行本在庫調整勘定の設定）**
> 　法基通9－1－6の8　出版業を営む法人が各事業年度終了の時において有する単行本のうちにその最終刷後6か月以上を経過したもの（取次業者又は販売業者に寄託しているものを除く。以下9－1－6の11までにおいて「売れ残り単行本」という。）がある場合には、次の算式により計算した金額に相当する金額以下の金額を当該事業年度において損金経理により単行本在庫調整勘定に繰り入れることができるものとする。

① 決算日前6カ月間に発行（増刷を含む）した書籍は、原価評価となる。
② 決算日において有する書籍のうち、その最終発行刷後6カ月以上を経過したものが、単行本在庫調整勘定の設定の対象となる。
③ 常備寄託品（販売業者等に寄託しているもの）は、店頭陳列見本品であるから原価評価となる。

2）繰入限度額の計算（法基通9－1－6の8）

（算　式）

「当該事業年度終了の時における売れ残り単行本の帳簿価額の合計」

　　　×　　「次の表の売上比率及び発行部数の各欄の区分に応じた繰入率」

売上比率		発行部数		
		2,000部未満	2,000部以上 5,000部未満	5,000部以上
以　上	未　満	繰　入　率		
％	％	％	％	％
20％以上		0	0	0
15	20	50	0	0
10	15	60	50	0
8	10	70	60	50
7	8	80	60	60
5	7	80	70	60
4	5	90	70	70
2	4	90	80	70
1	2	100	90	80
0.5	1	100	100	90
0.5％未満		100	100	100

（備考）
1．「売上比率」とは、発行部数に対する当該事業年度終了の日以前6月間に販売された部数から当該期間において返品された部数を控除した部数の割合をいう（平成3年12月25日改正）。
2．「発行部数」とは、当該事業年度終了の日前6月以前における最終刷の部数をいう。

（注）繰入率100％を適用する場合には、算式により計算した金額は、当該金額から当該売れ残り単行本の当該事業年度終了の時における処分見込価額を控除した金額とする。
〔処分見込価額〕は、本来屑紙としてのスクラップ価額に相当するが、一定の算出方法による平均スクラップ評価率で処分見込価額を評価するのも一つの方法である。

3）翌期における処理（法基通9－1－6の9）

　単行本在庫調整勘定へ繰入れをした金額は、その翌事業年度に取り崩して、その全額を益金に算入しなければならない。

4）明細書の添付（法基通9－1－6の10）

　単行本在庫調整勘定へ繰入れを行う場合は、その法人の実情に応じて、その繰入れを行う事業年度の確定申告書に適当な様式（例えば、次頁以下に掲げる様式）による明細書の添付が必要である。

〔法人事業税における取扱い〕

　貸借対照表に計上されている補修用部品在庫調整勘定又は単行本在庫調整勘定の金額がある場合には、これらの金額を控除した残額を当該補修用部品在庫調整勘定又は単行本在庫調整勘定に係る棚卸資産の帳簿価額とすること（地方税法の施行に関する取扱いについて（道府県税関係）4の6の5(6)）。

単行本在庫調整勘定計算明細書

発行部数 5,000 部以上

売上比率		繰入率 %	期末在庫高			棚卸評価額	単行本在庫調整勘定繰入額
以上 %	未満 %		期末在庫点数	期末在庫部数	期末在庫（原価）有高		
20	以上	0			A	A−B	B
15	20	0					
10	15	0					
8	10	50					
7	8	60					
5	7	60					
4	5	70					
2	4	70					
1	2	80					
0.5	1	90					
0.5	未満	100				処分見込額	
期末前6カ月発行							
常 備 寄 託 分							
合　　　計							

発行部数 2,000 部以上　5,000 部未満

売上比率		繰入率 %	期末在庫高			棚卸評価額	単行本在庫調整勘定繰入額
以上 %	未満 %		期末在庫点数	期末在庫部数	期末在庫（原価）有高		
20	以上	0			A	A−B	B
15	20	0					
10	15	50					
8	10	60					
7	8	60					
5	7	70					
4	5	70					
2	4	80					
1	2	90					
0.5	1	100				処分見込額	
0.5	未満	100				処分見込額	
期末前6カ月発行							
常 備 寄 託 分							
合　　　計							

発行部数 2,000 部未満

売上比率		繰入率 %	期末在庫高			棚卸評価額	単行本在庫調整勘定繰入額
以上 %	未満 %		期末在庫点数	期末在庫部数	期末在庫(原価)有高		
20	以上	0			A	A−B	B
15	20	50					
10	15	60					
8	10	70					
7	8	80					
5	7	80					
4	5	90					
2	4	90					
1	2	100				処分見込額	
0.5	1	100				処分見込額	
0.5	未満	100				処分見込額	
期末前6カ月発行							
常備寄託分							
合計							

	期末在庫点数	期末在庫部数	期末在庫(原価)有高	棚卸評価額	単行本在庫調整勘定繰入額
2,000部 未満					
2,000部 以上 5,000部 未満					
5,000部 以上					
合計				内( )	

( ) = 処分見込額

（参考）引当金等の計算書類への表示

単行本在庫調整勘定は、一種の評価性引当金として間接表示方式を採ることとしている。その他の引当金等の表示例を示すと、次の通りである。

〔計算書類の表示例〕

a）貸借対照表

```
　　流動資産
　　　　製　　　　品　　　　　　　×××××
　　　　単行本在庫調整勘定　　　△　××××
　　　　売　　掛　　金　　　　　　×××××
　　　　返 品 債 権 特 別 勘 定　△　××××
　　　又は、脚注として繰入額を明示する。
　　流動負債
　　　　返品調整引当金(注3)　　　　××××
```

b）損益計算書

```
　　売上高　　　　　　　　　　　　　　　×××××
　　売上原価　　　　　　　　　　　　　　×××××
　　　　期首製品棚卸高　　　　　××××
　　　　当期製造原価　　　　　　××××
　　　　期末製品棚卸高　　　　△××××
　　　　返品調整引当金繰入（戻入）(注3)　　××××
　　売上総利益　　　　　　　　　　　　　×××××

　　販売費及び一般管理費
　　　　単行本在庫調整勘定繰入（戻入）　××××
　　　　返品債権特別勘定繰入（戻入）　　××××
　　営業利益　　　　　　　　　　　　　　×××××
```

（注1）返品調整引当金(注3)、単行本在庫調整勘定、返品債権特別勘定の損益計算書上の表示は、売上原価又は営業外損益に表示することも、継続することで認められる。

（注2）返品調整引当金(注3)、単行本在庫調整勘定、返品債権特別勘定も、貸倒引当金等の差額繰入れ等の特例（法基通11－1－1）の取扱いが認められる。

（注3）返品調整引当金制度は平成30年度に廃止されたが、令和12年3月31日までは経過措置による運用が可能。詳細はP.17、P.23参照。

5．返品調整引当金

　出版業界での取引の大部分は、「返品条件付販売」（又は「買戻し条件付販売」）で出版社から取次会社を通して書店等で販売する方法を採っている。出版社は、出版物を取次会社へ引渡したとき、通常そのすべてを売上に計上している。そのため、返品が事業年度をまたがってなされるときは、返品によって発生する損失の計上時期と売上の計上時期が異なるという不合理が生ずる。

　このため、従前、税法は、会計と同様に、販売方法上常に多量の返品が予測される事業に対し、その返品による損失の見込額を、損金経理により返品調整引当金勘定として繰り入れることを認めてきた。しかし、返品リスクを踏まえた売上を計上することとなる新しい会計基準（収益認識に関する会計基準）が定められたことに伴い、平成30年度の税制改正において「返品調整引当金制度」が経過措置を講じた上で、廃止された。

　ただし、中小企業については、新しい会計基準（収益認識に関する会計基準）に沿った会計処理は行わず、今まで通り中小企業の会計処理を行うことが可能とされ、税法上も、一定の間、従前と同様に引当処理が可能である。

　また、令和3年（2021年）4月1日から令和12年（2030年）3月31日までの9年間は、縮小した額の返品調整引当金の繰入額を損金算入することができる。（P.23 参照）

　なお、「収益認識に関する会計基準」を適用する場合と税法上の経過措置は以下の通り。

A．中小企業の会計処理を行う中小企業の場合

　新しい会計基準（収益認識に関する会計基準）に沿った会計処理は行わず、今まで通り中小企業の会計処理を行うことができる（「収益認識に関する会計基準」を選択することも可能）。

　また経過措置（P.23 参照）により、税法上の返品調整引当金の損金算入限度額は、令和3年（2021年）4月1日から令和12年（2030年）3月31日までの9年間の経過措置期間において、従前の算出方法による限度額から、1年ごとに10分の1ずつ減少することとができる。さらに、令和12年（2030年）4月1日以降に開始する事業年度からは、損金算入ができなくなる。

B．中小企業の会計処理を行う中小企業以外の場合（収益認識に関する会計基準を適用する法人の場合）

新しい会計基準（収益認識に関する会計基準）に沿った会計処理を行う。

【会計処理の一例】
決算時に処理するケース

借方		貸方	
収益	xxxx	返金負債	xxxx
返品資産	xxxx	売上原価	xxxx

注：前期末に計上した返品資産、返金負債を洗い替えした後、上記仕訳を行う

都度処理するケース

借方		貸方	
売上債権	xxxx	収益	xxxx
		返金負債	xxxx
売上原価	xxxx	商品	xxxx
返品資産	xxxx		

注：前期末に計上した返品資産、返金負債を洗い替えした後、上記仕訳を行う

$$[返品率] = \frac{当期返品高＋前期返品高}{当期総売上高＋前期総売上高}$$

$$[返金負債] = (期末売掛金＋受取手形)^{(※1)} \times 返品率$$

$$[返品資産] = (期末売掛金＋受取手形) \times 返品率 \times \frac{売上原価}{純売上高}^{(※2)}$$

(※1) 売掛金基準（期末売掛金＋受取手形）以外に、販売高基準（期末2カ月間の総売上高－期末2カ月間に対応する売上割戻し）を使うことも可。
(※2) 純売上高＝総売上高－総返品高－（売上割戻し＋売上値引）

（注）返品予想金額を返金負債勘定として計上するとともに、返品が予想される棚卸資産を返品資産勘定として計上することとなる。

> 勘定科目は、返品資産及び返金負債以外の名称による勘定科目を使用してもよい（社内で勘定科目は統一されていることが必要）。

　税法上は、返金負債から返品資産を控除した金額相当額が返品調整引当金の繰入額とみなされる。　（返金負債＝旧・返品調整引当金＋返品資産）

　経過措置（P.23参照）により、税法上の返品調整引当金の損金算入限度額は、令和3年（2021年）4月1日から令和12年（2030年）3月31日までの9年間の経過措置期間において、従前の算出方法による限度額から、1年ごとに10分の1ずつ減少することができる。

〔税法上の返品調整引当金の繰入限度額〕

> 旧法第53条（返品調整引当金）
> 　内国法人で出版業その他の政令で定める事業（以下この条において「対象事業」という。）を営むもののうち、常時、その販売する当該対象事業に係る棚卸資産の大部分につき、当該販売の際の価額による買戻しに係る特約その他の政令で定める特約を結んでいるものが、当該棚卸資産（略）の当該特約に基づく買戻しによる損失の見込額として、各事業年度終了の時において損金経理により返品調整引当金勘定に繰り入れた金額については、当該繰り入れた金額のうち、最近における当該対象事業に係る棚卸資産の当該特約に基づく買戻しの実績を基礎として政令で定めるところにより計算した金額（「返品調整引当金繰入限度額」という。）に達するまでの金額は、当該事業年度の所得の金額の計算上、損金の額に算入する。

1）設定できる事業の範囲（旧法令99条、旧法基通11－3－1の2）
① 出版業
② 出版に係る取次業
③ 医薬品、農薬、化粧品、既製服、蓄音機用レコード、磁気音声再生機用レコード又はデジタル式の音声再生機用レコードの製造業
④ ③に規定する物品の卸売業

2）設定要件（旧法令100条）
① 出版業、出版に係る取次業等で、常時、その販売する商品の大部分について
② 販売先からの求めに応じ、その販売した商品を当初の販売価額によって無条件に買い戻す特約があること

③ 販売先において、出版業者等から商品の送付を受けた場合にその注文によるものかどうかを問わずこれを購入する特約があること

〔特約を結んでいる法人の範囲〕文書により特約を結んでいない場合であっても、慣習によりその販売先との間に特約があると認められるときは、特約を結んでいるものに該当するものとされている（旧法基通11－3－1の3）。

3）繰入限度額の計算（旧法令101条）

繰入限度額の計算方法は、次の二つの方法が定められており、そのいずれによるかは、対象事業の種類ごとに又は事業年度ごとに法人の選択が可能である。

> **A．売掛金基準**（期末売掛金の帳簿価額を基礎とする方法）
> （期末売掛金残高＋受取手形）×①返品率×②売買利益率
>
> **B．販売高基準**（期末2カ月間の売上高を基礎とする方法）
> （期末2カ月間の総売上高－期末2カ月間に対応する売上割戻し）
> ×①返品率×②売買利益率

（注）長期割賦販売等の売掛金及び販売高は、延払基準の適用を受けたものを除く。また、常備寄託品は、店頭陳列見本品であるので計算の対象から除く。

① 返品率の計算（1年決算の場合）は、次の算式による。

$$[返品率] = \frac{当期返品高＋前期返品高}{当期総売上高＋前期総売上高}$$

② 売買利益率の計算は、次の算式による。

$$[売買利益率] = \frac{（当期純売上高^{(注1)}＋広告料収入^{(注2)}）－（左に対する売上原価＋販売手数料^{(注3)}）}{当期純売上高＋広告料収入^{(注2)}}$$

(注1) 純売上高＝総売上高－総返品高－（売上割戻し＋売上値引）
(注2) 売買利益率の計算においては、広告料収入及びその原価を売上高及び売上原価に含めないのが原則であるが、広告料収入に係る原価の額を区分することが困難な場合は、売上高及び売上原価に含めることができる（旧法基通11－3－6）。
(注3) 販売手数料等の範囲には、外交員等の歩合給等を含む（旧法基通11－3－7）。

③ 売掛金の範囲

期末売掛金残高には、その売掛金について取得した受取手形（割引又は裏書譲渡したものを含む）を含む（旧法基通11－3－2）。

なお、この売掛金は、消費税を含めた額とすることができる。

④ 売上割戻しがある場合の総売上高（旧法基通11－3－3、11－3－4）

期末以前2カ月間の総売上高に対応する売上割戻しがある場合は、次の算式により計算した金額を控除した金額による。

$$当期売上割戻し高 \times \frac{期末以前2カ月間の総売上高}{当期総売上高}$$

⑤ 返品債権特別勘定を設けている場合の計算除外（旧法基通11－3－8）

返品債権特別勘定を設けている場合には、返品調整引当金の計算に際して、返品債権特別勘定の対象とした雑誌の売掛金又は販売の対価の額を控除しなければならない。

4）翌期における処理（旧法53条⑦）

返品調整引当金へ繰入れた金額は、その翌事業年度に取り崩して、その全額を益金に算入しなければならない。

5）明細書の添付（旧法53条②）

確定申告書に《返品調整引当金の損金算入に関する明細書》（別表十一（二））を添付しなければならない。

返品調整引当金の損金算入に関する明細書

事業年度	： ：	法人名	

別表十一（二）　令六・四・一以後終了事業年度分

返品率の計算	当期及び当期前1年以内に開始した各期の対象事業に係る棚卸資産の総売上高	1	円		当　期　繰　入　額	8	円
	当期及び当期前1年以内に開始した各期の対象事業に係る棚卸資産の買戻しの額の合計額	2		繰入限度額の計算	売掛金基準による場合　当期末における対象事業に係る売掛金の合計額	9	
	返　品　率　(2)/(1)	3			繰　入　限　度　額　(9)×(3)×(7)×□/10	10	
売買利益率の計算	当期の対象事業に係る棚卸資産の純売上高	4	円		売上高基準による場合　当期末以前2月間の対象事業に係る棚卸資産の総売上高	11	
	同上に係る売上原価と販売手数料の合計額	5			繰　入　限　度　額　(11)×(3)×(7)×□/10	12	
	差引利益の額　(4)−(5)	6					
	売　買　利　益　率　(6)/(4)	7			繰入限度超過額　(8)−((10)又は(12))	13	

別表十一（二）の記載の仕方

1　この明細書は、法人が平成30年改正法附則第25条第1項（（法人の返品調整引当金に関する経過措置））の規定によりなおその効力を有するものとされる平成30年改正前の法第53条（（返品調整引当金））の規定の適用を受ける場合に記載します。

2　「繰入限度額10」及び「繰入限度額12」の各欄の分子の空欄には、次に掲げる事業年度の区分に応じそれぞれ次に定める数を記載します。

(1) 令和11年4月1日から令和12年3月31日までの間に開始する事業年度　1

(2) 令和10年4月1日から令和11年3月31日までの間に開始する事業年度　2

(3) 令和9年4月1日から令和10年3月31日までの間に開始する事業年度　3

(4) 令和8年4月1日から令和9年3月31日までの間に開始する事業年度　4

(5) 令和7年4月1日から令和8年3月31日までの間に開始する事業年度　5

(6) 令和6年4月1日から令和7年3月31日までの間に開始する事業年度　6

(7) 令和5年4月1日から令和6年3月31日までの間に開始する事業年度　7

[**法人の返品調整引当金に関する経過措置**]

　平成30年4月1日において返品調整引当金制度の対象事業を営む法人の令和3年3月31日までに開始する各事業年度について、改正前の規定による損金算入限度額による引当てが認められるとともに、令和3年4月1日から令和12年3月31日までの間に開始する各事業年度については改正前の規定による損金算入限度額に対して1年ごとに10分の1ずつ縮小した額の引当てが認められる等の経過措置が講じられる（改正法附則25）。

　なお、返品することができる権利が付された販売（以下「返品権付き販売」といいます。）について、新会計基準を適用した場合には、返品調整引当金勘定に繰り入れる経理処理はできないこととなりますが、経過措置事業年度において設けている返金負債勘定の金額から返品資産勘定の金額を控除した金額に相当する金額は、その経過措置事業年度において損金経理により返品調整引当金勘定に繰り入れた金額とみなして経過措置を適用する（改正法令附則9③）。（平成30年改正法附則第25条第1項）

6．返品債権特別勘定

　出版業を営む法人で雑誌の販売に関し、取次会社又は小売書店との間に特約を結んでいる場合は、店頭売れ残り品に係る売掛金の一定金額を返品債権特別勘定に繰り入れて貸倒れとして処理することが認められている。これにより、週刊誌、月刊誌等の雑誌は返品された場合、製造原価ではなくスクラップ価額で受け入れることができる。返品債権特別勘定は、実質的な貸倒損失の計上を認めるものである。
　なお、平成30年度の税制改正により、返品調整引当金制度は廃止されたが、従前と同様に、損金経理により返品債権特別勘定の繰入れができる。

1）返品債権特別勘定の設定

設定要件
　(1) 店頭売れ残り品の債務の免除
　(2) 店頭売れ残り品をその決算期において出版社に帰属させる
との特約があれば、売れ残り品に対する債権を「貸倒れ損失」として処理できる（特約は、P.28に掲載）。
　※委託取引であること
　※期末直前最終号のものは除く
　※返品債権特別勘定を計上すること

［法基通9－6－4］
　出版業を営む法人のうち、常時、その販売する出版業に係る棚卸資産の大部分につき、一定の特約を結んでいるものが、雑誌（週刊誌、旬刊誌、月刊誌等の定期刊行物をいう。）の販売に関し、その取次業者又は販売業者（以下これらの者を「販売業者」という。）との間に、次の(1)及び(2)に掲げる事項を内容とする特約を結んでいる場合には、その販売した事業年度において法基通9－6－5に定める繰入限度額以下の金額を損金経理により返品債権特別勘定に繰り入れることができる。

(1) 各事業年度終了の時においてその販売業者がまだ販売していない雑誌（当該事業年度終了の時の直前の発行日に係るものを除く。以下「店頭売れ残り品」という。）に係る売掛金に対応する債務を当該時において免除すること。
(2) 店頭売れ残り品を当該事業年度終了の時において自己に帰属させること。

(注)
1 一定の特約とは、次に掲げる事項を内容とする特約とする。
　(1) 販売先からの求めに応じ、その販売した棚卸資産を当初の販売価額によって無条件に買い戻すこと。
　(2) 販売先において、当該法人から棚卸資産の送付を受けた場合にその注文によるものかどうかを問わずこれを購入すること。
2 法人が当該事業年度において、店頭売れ残り品に係る返金負債勘定又は返品資産勘定を設けている場合には、その返金負債勘定の金額から返品資産勘定の金額を控除した金額については、損金経理により返品債権特別勘定に繰り入れたものとみなす。

２）返品債権特別勘定の繰入限度額

返品債権特別勘定の繰入限度額：下記の (1)(2) いずれかの金額
(1) {(期末における雑誌の売掛金残 − 最終号分売掛金残) ×返品率}
　　　　　　　　　　　　　　　　　− { } 内のスクラップ価額
(2) {(期末前２カ月間の雑誌販売高 − 最終号分販売高) ×返品率}
　　　　　　　　　　　　　　　　　− { } 内のスクラップ価額

[法基通９－６－５]
　返品債権特別勘定の繰入限度額は、次に掲げるいずれかの金額とする。
(1) 当該事業年度終了の時における雑誌の販売に係る売掛金（当該事業年度終了時の直前の発行日に係るものを除く。）の帳簿価額の合計額に当該雑誌の返品率を乗じて計算した金額から店頭売れ残り品の当該事業年度終了の時における価額に相当する金額（スクラップ価額）を控除した金額
(2) 当該事業年度終了の日以前２カ月間における雑誌の販売の対価の額（当該事業年度終了の時の直前の発行日に係るものを除く。）の合計額に当該雑誌の返品率を乗じて計算した金額から店頭売れ残り品の当該事業年度終了の時における価額に相当する金額（スクラップ価額）を控除した金額
(注) 上記(1) 又は(2) の返品率とは、買戻事業年度（当該事業年度及び当該事業年度開始の前１年以内に開始した各事業年度をいう。）における次の(1) に掲げる金額のうちに次の(2) に掲げる金額の占める割合をいう。
　　(1) 当該雑誌の販売対価の額の合計額
　　(2) ９－６－４(注)1 に規定する特約に基づく当該雑誌の買戻しに係る対価の額の合計額

※平成30年度の税制改正における「返品調整引当金制度」の廃止に伴い、返品債権特別勘定に係る法基通の一部も改正された。

〔法人事業税における取扱い〕
　貸借対照表に計上されている返品債権特別勘定の金額（売掛金から控除する方法により計上されているものを含む。）がある場合には、これらの金額を控除した残額を売掛金の帳簿価額とすること（地方税法の施行に関する取扱いについて（道府県税関係）4の6の5(4)）。

3）返品債権特別勘定の金額の益金算入（法基通9－6－6）

> 洗替え　翌期に益金に算入しなければならない

　返品債権特別勘定の金額は、その繰り入れた事業年度の翌事業年度の益金の額に算入する。

4）明細書の添付（法基通9－6－7）

　返品債権特別勘定への繰入れを行う場合には、その繰入れを行う事業年度の確定申告書に返品債権特別勘定の繰入額の計算に関する明細を記載した書類を添付しなければならないものとする。

（注）明細書の様式は、特に定められていないので、適当な様式で明細書を添付する必要がある。参考までに作成例をP.29に掲載。

5）売掛債権等からの除外（法基通11－2－21）

> **貸倒引当金の売掛債権等からの除外**
> 期末売掛債権等の金額から返品債権特別勘定の額を控除しなければならない
> ※二重利得の回避の規定

　出版業を営む法人が返品債権特別勘定を設けている場合の売掛債権等の金額は、当該事業年度終了の時における売掛債権等の金額から当該返品債権特別勘定の金額に相当する金額を控除した金額によることに留意する。

6）貸倒損失の範囲（法基通 11 － 2 － 22）

次に掲げるような金額は、法令第 96 条第 6 項第 2 号イに規定する売掛債権等の貸倒れによる損失の額には含まれない。

(1) 法基通 9 － 6 － 4《返品債権特別勘定の設定》により返品債権特別勘定に繰り入れた金額
(2)(3)　略

7）取次会社の経理（旧通達昭 40 直審（法）84 － 171）

> **取次会社の経理**
> 取次会社は出版社の経理に対応する経理を必ずしも採用しなくともよい
> ※取次会社は買掛金に計上したままで差支えない

雑誌の販売業者である法人が、その購入した雑誌について法基通 9 － 6 － 4 の(1)及び(2)に掲げる特約に基づき出版業者から免除を受けることとなる債務免除益の益金算入と当該出版業者に帰属させることとなる店頭売れ残り品の損金算入との経理を省略しているときは、これを認めるものとする。

8）雑誌売れ残り品に対する売掛債権処理の特約書

雑誌売れ残り品に対する売掛債権処理の特約

　〇〇出版社（甲）は、△△取次会社（乙）と売掛債権の処理について下記の通り契約する。

記

1. 甲は乙へ販売した雑誌売掛債権のうち、甲の事業年度終了時における乙のいまだ販売せざるもの（当該雑誌の発行日のうち甲の事業年度終了時の直前の発行日の号に係るものを除く）に係る売掛金相当分を当該時において放棄するものとする。
2. 前条により甲が放棄することとなる債権に係る乙のいまだ販売せざる雑誌を甲の当該事業年度終了時において甲の所有に帰属させるものとする。

以　上

本書は2通作成し、甲乙各1通を保有する。
　　　年　　月　　日

　　　　　　　　　　　　　　　甲　　　　　　　　印
　　　　　　　　　　　　　　　乙　　　　　　　　印

（注）不課税文書（収入印紙不要）

念　書

　　　年　　月　　日〇〇出版社（甲）は、△△取次会社（乙）との間に締結された別紙売れ残り品の売掛債権処理に関する特約は、法人税基本通達9－6－4に基づく返品債権特別勘定の適用条件として、税法上の要請により締結をみたものである。

　従って、これは従来の両者間の慣習による通常取引を拘束するものでもなく、またこれに伴う経理処理になんらの変更をきたすものでもない。

　右の通り甲の住所地においてこの念書を作成し、当事者双方記名捺印する。
　　　年　　月　　日

　　　　　　　　　　　　　　　甲　　　　　　　　印
　　　　　　　　　　　　　　　乙　　　　　　　　印

（注）不課税文書（収入印紙不要）

(参考)

返品債権特別勘定の計算に関する明細書

法人名＿＿＿＿＿＿＿＿＿＿

							摘要
	当期繰入額		1	(売掛金)	(受取手形)	(合　計)	
当期末における売掛金の額	貸借対照表の売掛金		2				
	同上のうち当期末直前発行日分		3				
	税務加算減算		4				
			5				
	合　　計	2－3±4	6				
当期末以前二ヵ月間の売上高	損益計算書の売上高（値引後）		7	(　　月)	(　　月)	(合　計)	
	同上のうち当期末直前発行日分		8				
	税務加算減算		9				
			10				
	小　　計	7－8±9	11				
	割戻し相当額		12				
	差引合計	11－12	13				
返　品　率			14				
返　品　予　想　額		6又は13×14	15				
ス　ク　ラ　ッ　プ　率		下表20移記	16				
返品予想額に対するスクラップ価額		15×16	17				
繰　入　限　度　額		15－17	18				
繰　入　限　度　超　過　額		1－18	19				

(返品予想額に対応するスクラップ率)

区分 雑誌名	期末に最も近い時期に廃棄売却した雑誌			左のスクラップとして売却した価格
	定価額	平均卸正味	販売価格	
合　　計			ア	イ
スクラップ率	イ／ア （3位未満切捨）		％　20	16欄へ移記

7．常備寄託品

　常備寄託とは、出版社が小売書店等に対して、特約により、自社発行の出版物のうち一定数量を一定期間寄託（民法第657条【寄託】）することにより、常時店頭に陳列させ、顧客がこれを購入することによって欠量が生じたときは、小売書店等（受託店）は速やかに出版社にその分を注文・補充し、契約期間内陳列を行う制度をいう。1950年（昭和25年）より東京国税局調査部との協議の結果、以下の確約事項にしたがって実施する場合、出版社は常備寄託品を自社在庫品として原価評価で計上することができる。
　なお、常備寄託品についての確約事項・注意事項は以下の通りである。

1）税務当局に対する業界としての確約事項
　①　出版社は、受寄者と個々に必ず常備寄託契約書を取り交わす。
　②　上の契約には、書名・本体価格・部数・期限を明示する。
　③　1点当りの冊数は、2冊を限度とする。
　④　出入庫・保管は、一般の委託品若しくは買切品とは別に物品経理をする。
　⑤　期限の終了若しくは解約の時までは、代金の決済はもとより売買取引又はそれらの経理処理をしない。
　⑥　受寄者が常備寄託品を販売した場合は、直ちに欠量を補充しなければならない。
　⑦　出版社は、⑥の補充品を買切注文品として処理する。

2）実施上の注意事項
(1) 常備寄託を実施する場合には、出版社・取次会社・小売書店の三者による常備寄託契約書を取り交わすこと（契約書ヒナ型は、P.31に掲載）。
(2) (1)以外の場合でも、(1)の契約書に盛られた内容を骨子とする文面にて、出版社と小売書店の二者による契約は絶対に必要であること。
　　（注）方法としては、往復ハガキを用いた形式にても可。
(3) したがって出版社が取次会社に託す方法による、出版社と取次会社二者間のみの契約によるものは、常備寄託とはみなされないこと。
(4) 常備寄託品は、店頭常備陳列用見本品であるから、1点当りの冊数は2冊が限度であり、もし1点3冊以上を寄託した場合は、売上の認定をされてもやむを得ないこと。

(5) 常備寄託品は、出版社自身の在庫品であり預け品であるから、出版社も取次会社も小売店も、その取扱いに当っては正味による計算は一切しないこと。
　　（注）その取扱いに当っては、点数・冊数・本体価格で表示する。
(6) 伝票類は、平常の取引とは別個の寄託票、即ち専用の常備寄託伝票を用いること。したがって納品書や計算書若しくは請求書と混同されないよう区別すること。
(7) 小売書店は、常備寄託品と自己の仕入商品（買切品・普通委託品・長期委託品など）とを明瞭に区別するために、常備寄託品に必ず常備スリップを付し、かつ全点を店頭に陳列すること。
(8) 小売書店は常備寄託品を販売した場合、常備スリップにより遅滞なく発注補充し、契約期間中は常時基本部数が欠けることのないようにすること。

常備寄託契約書

　○○出版社（以下甲という）と○○取次会社（以下乙という）並びに○○書店（以下丙という）との間に、甲の発行図書を乙を通じて丙に常備寄託をする件について下記の通り契約を締結する。

1．常備寄託品の明細（書名・本体価格・部数）は別紙寄託票の通りとする。
2．本契約期間は　　年　月　　日から　　年　月　　日までとする。
　但し、期間終了の場合当事者間に異議がないときは更に　ヵ年間継続するものとし、また当事者のうちいずれか一方が申し出た場合は期間内にても本契約を解除することができる。
3．期間終了又は契約解除の場合には、丙は直ちに乙を通じて甲に寄託品を返送しなければならない。
4．寄託品の管理に関する責任は、盗難・火災等を含めて一切丙において負うものとする。

上記契約の証として本契約書を作成し、記名捺印の上各自1通を保有する。
　　　年　　月　　日
　　　　　　　　　　　　　　　（甲）　　　　　　　印
　　　　　　　　　　　　　　　（乙）　　　　　　　印
　　　　　　　　　　　　　　　（丙）　　　　　　　印

（注）不課税文書（収入印紙不要）

8．出先在庫品

　出先在庫による取引は、出版社が取次会社の流通倉庫の一部に自己出版物を置き、取次会社は必要に応じ出先在庫から出庫し、その出庫報告をもって取引が成立するものである。1966年（昭和41年）、日本書籍出版協会と日本出版取次協会は、出版社、取次会社間の商品受渡し方法の合理化と読者サービスの改善を図ることを協議し、次の処理要項に沿って実施することに合意した。

1）出先在庫品の取扱い上の性格
　　a）出版社の業務――出版物の銘柄及び数量・金額に関する管理、追加補充、増量又は減量等に関すること
　　b）取次会社の業務――「出先在庫品」の管理者として保管出納にあたり、出先在庫品から出庫した場合は、その明細を遅滞なく出版社へ報告すること

2）名称
　この出先在庫品の名称は、「○○出版社○○倉庫在庫品」とする（製品勘定において、区別しておくとよい）。

3）出先在庫品の評価
　出先在庫品は、出版社の自己製品であるから、手持ち製品と同様の在庫評価額とする。

4）出先在庫品の売上、仕入計上時期
　取次会社は、出先在庫品から出庫した場合、毎月所定の報告日に出庫状況を出版社に報告し、その出庫報告書によって、出版社は売上に計上し、取次会社は仕入に計上する。
（注）特に、決算時において出版社は、出先在庫品の在庫を確認し、未決済分がある場合については、それを必ず売上に計上すること。

5）出先在庫品に関する契約
　出版社が、自己商品を出先在庫品として取次会社倉庫に置く件に関しては、必ず契約書を取次会社と取り交すこと。（契約書ヒナ型は、P.33に掲載）

出版社の出先在庫品に関する契約書

　出版社○○○（以下甲と称する）と取次会社○○○（以下乙と称する）は、逐年激しさを増す交通事情の悪化と、労務事情とによる集品業務の渋滞を打開し、もって読者サービスの改善と業務能率の向上を図る目的をもって、下記の通り契約する。

記

1. 甲は自己の商品を、出先在庫品として、乙の倉庫に置くものとする。
2. 出先在庫品は「○○出版社○○倉庫在庫品」と称する。
3. 乙は甲の搬入する商品を、善良なる管理者としての注意をもって保管出納に当り、乙が当該商品を出庫したときは、その明細を遅滞なく甲へ報告するものとする。
4. 乙は甲に対する出庫報告と同時に当該出庫品を仕入に計上し、甲はこれにより同日付の売上に計上する。
5. 出先在庫品に関する処理は、日本書籍出版協会と日本出版取次協会との間において合意に達した処理要項によってこれを行うものとする。
6. 本契約の期間は、　年　月　日より　年　月　日までとする。ただし、期間終了の場合当事者間に異議がないときは契約を　ヵ年間ずつ継続するものとし、また当事者のうちいずれか一方が契約の解約を申し出た場合は本契約を終了することができる。

　上記契約を証するため本契約書2通を作成し、甲乙署名捺印の上各自その1通を所持する。

　　　　　　　　　年　　月　　日
　　　　　　　　　　　　　　　（甲）　　　　　　　　　　　印
　　　　　　　　　　　　　　　（乙）　　　　　　　　　　　印

（注）不課税文書（収入印紙不要）

9．「紙型」の評価計上

　いわゆる「紙型」代については、資産に計上すべきか否かについて、今日まで税務当局においてもいろいろ論議され、当協会もこれについて当局より諮問を受け、また協議を重ねてきたところであるが、法令等で取扱いが明示されない限り、1953年（昭和28年）以来実施してきた東京国税局法人税課取扱通達を有効適切な処理方法として、これによって処理する。

　近年、CTP化が一般化した結果、紙型の使用は極度に減少してきている実状であるが、ここでは下記の(注)3.にあるような広義における「紙型」が対象となっていることに留意する。

1）紙型に関する取扱通達（東京国税局法人税課取扱　昭和28年）

> 紙型代は原則として初版の原価に含めることを認める。
> 　ただし、特殊な長期にわたる出版計画によるものであり、かつ長期的な出版価値を有するものについては、出版権の有する期間は資産性があるものとして取り扱うものとする。
> 　買入紙型については一度使用したことにより全額を損金として処理することは認めるべきではなく、前項ただし書に準じて取り扱う。
> 　　　　　　　　　　　　　　　　　　　　　　　　　　　　　　　　　　　　以上

（注）

1．紙型の取得価額には、組版代、製版代、紙型加工費を含み、また監修料、原稿料、挿画料（ただし、部数を基準として支払うものは除く）も含まれる。校正料は、別個に計上した著作権又は出版権の評価額に繰入れないときは紙型の取得価額に加える。
2．（略）
3．いわゆる「紙型」とは、紙型、清刷、陰画、陽画及び原版などのうち重版に際して複製工程上の出発点に用いる有形資産（ただし、評価資産として取り扱う）をいう。

2）評価資産として計上を要する「紙型」

　(1)「特殊な長期にわたる出版計画によるものであり、かつ長期的な出版価値を有する」出版物。主として、辞書・字典・事典等に該当するものがある。
　(2) 買入紙型

3）評価資産として計上する場合の評価基準

発行の事業年度末（1年決算を基準とする）

　　　　紙型の取得価額の　50％

発行後第2事業年度末

　　　　紙型の取得価額の　20％

発行後第3事業年度末

　　　　零

10. 出版業における交際費等と関連費用

　出版業は、企業の性格から取材、資料収集、著者との打合せなど、交際費等と関連する費用があり、売上原価に含まれる割合が比較的他の産業より多いと思われる。交際費等の意義と範囲については、以下の通りである。

1）交際費等の意義
　「交際費等」とは、交際費、接待費、機密費その他の費用で、法人が、その得意先、仕入先その他事業に関係のある者等（その法人の役員、従業員、株主等を含む）に対する接待、供応、慰安、贈答その他これらに類する行為のために支出するものをいい、原則として損金に算入されない（措法61条の4⑥、措通61の4(1)－22）。

(1) 次の性質を有するものは、交際費等に含まれない（措法61条の4⑥、措令37の5、措通61の4(1)－1）。
　①寄附金　②値引き及び割戻し　③広告宣伝費　④福利厚生費　⑤飲食費
　⑥給与等　⑦使途秘匿金等　⑧会議費　⑨編集取材費

(2) 交際費等であるかどうかは、支出の方法又は経理方法のいかんを問わず、実質で判断する（措通61の4(1)－23、24）。
　①　直接、間接、共同による支出の分担など、支出の方法を問わない。
　②　棚卸資産、固定資産等の取得価額に含まれている費用及び接待等の行為にもとづく費用は、仮払又は未払等の経理をしているといないとにかかわらず、その支出の事実のあった事業年度の交際費等となる。

2）交際費等とその他の費用の区分
(1) 寄附金との区分（法37条⑦、法令73条、措通61の4(1)－2）
　事業に直接関係のない者に対して、金銭、物品等の贈与をした場合、それが寄附金であるか交際費等であるかは、個々の実態により判定すべきであるが、次のようなものは原則として寄附金となる。
　①　金銭、物品その他経済的利益の贈与又は無償の供与（慶弔費以外）は、原則として寄附金
　②　社会事業団体、政治団体等に対する拠金、神社の祭礼等の寄贈金

(2) 売上割戻し等との区分（措通61の4(1)－3、4、6、7）

得意先である事業者に対して、売上高、売掛金の回収高等に比例して、又は売上高の一定額ごとに支出する費用は、以下の通りである。

供与の方法		取扱い
金　　　銭		売上割戻し等
物　品	事業用資産	売上割戻し等
	その他の物品	交際費等＊
旅行、観劇等への招待		交際費等＊

（注）＊少額物品（購入単価がおおむね3,000円以下）は、交際費等に該当しない。

(3) 広告宣伝費との区分（措令37条の5②、措通61の4(1)－9、20）

不特定多数の者に対する宣伝的効果を意図して支出する、次のようなものは交際費等に含まれない。

① カレンダー、手帳、扇子、うちわ、手ぬぐい、その他これらに類する物品を贈答するために通常要する費用（措通61の4(1)－20参照）。
② 製造業者又は卸売業者が、抽選により、一般消費者に対し金品を交付するために要する費用、又は一般消費者を旅行、観劇等に招待するために要する費用。
③ 製造業者又は卸売業者が、金品引換券付販売に伴い、一般消費者に対し金品を交付するために要する費用。
④ 製造業者又は販売業者が、一定の商品等を購入する一般消費者を旅行、観劇等に招待することをあらかじめ広告宣伝し、その購入した者を旅行、観劇等に招待するために要する費用。
⑤ 小売業者が、商品の購入をした一般消費者に対し景品を交付するために要する費用。

(4) 福利厚生費との区分（措法61条の4⑥一、措通61の4(1)－10）

専ら従業員の慰安のために行われる運動会、演芸会、旅行等に通常要する費用で、次のようなものは交際費等又は給与等に含まれない。

① 創立記念日、国民祝日、新社屋落成式等に際し従業員におおむね一律に社内において供与される通常の飲食に要する費用
② 従業員（従業員であった者を含む）又はその親族等の慶弔、禍福に際し一定の基準に従って支給される金品に要する費用

③ 使用者が負担するレクリエーション費用 (所基通36－30)
　a. 会食、旅行、運動会、演芸会等のレクリエーション費用 (従業員の家族分も含む)
　b. 慰安旅行の費用負担は、期間が4泊5日 (海外の場合旅行日を除き、目的地滞在日数) 以内、参加する従業員が50％以上という要件を満たしている場合は、課税されない (平成5年5月31日課法8－1)。

(5) 飲食費との区分 (措法61条の4⑥二、措令37条の5①、措規21条の18の4)

飲食その他これに類する行為のために要する1人当たり1万円以下の費用 (当該法人の役員若しくは従業員等に対する「社内飲食費」を除く) は、交際費等から除かれる。「飲食費」については、次の事項を記載した書類の保存が必要である。
　①飲食等があった年月日　②得意先等の関係者の氏名又は名称・その関係
　③参加した人数 (自社を含めて)　④金額、飲食店等の名称・住所　等
　⑤飲食費であることを明らかにするために必要な事項

(6) 給与等との区分 (措通61の4(1)－12)

従業員に対して支給する次のようなものは、交際費等に含まれない。
① 常時給与される昼食等の費用 (所基通36－38の2の規定を超えると現物給与となる)。
② 自社の製品、商品等を原価以下で従業員に販売した場合の原価に達するまでの費用 (原価を超えると現物給与とならない、所基通36－23)。

また、次のようなものは、交際費等にも給与等にも含まれない。
※ 従業員に提供する社宅 (法人が契約当事者である借上社宅を含む) の通常の賃貸料は、所基通36－45の計算によって計算した賃貸料相当額の50％以上の賃貸料を従業員から徴収していれば、給与として課税されない (所基通36－47)。
※ 会社の業務遂行上必要な海外渡航費は、通常必要と認められる金額である限り、損金又は必要経費としての処理を認めている (法基通9－7－6～10)。
　　ただし、業務と観光を合わせて行われる場合は、給与と按分して処理する (平成12年10月11日課法2－15)。

(7) 使途秘匿金等の取扱い（措法62条）

　　使途秘匿金の支出とは、法人がした金銭の支出（贈与、供与その他これらに類する目的のためにする金銭以外の資産の引渡しを含む）のうち、相当の理由がなく、その相手方の氏名等を帳簿書類に記載していないものをいう。平成6年4月1日以後に支出した使途秘匿金については、通常の法人税に加えて、支出額の40／100が追加課税される。

　　費途不明金とは、法人が交際費、機密費、接待費等の名義をもって支出した金銭で、その費途が明らかでないものは、損金に算入されない（法基通9－7－20）。また、役員又は使用人に機密費、接待費、交際費、旅費等の名義で支給した金額で、その費途が不明であるもの又は法人の業務に関係がないと認められるものは、その役員又は使用人に対する給与とされる（法基通9－2－9(9)、措通61の4(1)－12(3)）。

(8) 会議費との区分（措令37条の5②二、措通61の4(1)－21、16）

　　会議（来客との商談、打合せ等を含む）に関連して、社内又は通常会議を行う場所において通常供与される昼食の程度を超えない飲食物等の接待に要する費用は、交際費等に該当しない。

(9) 編集取材費との区分（措令37条の5②三）

　　新聞、雑誌等の出版物又は放送番組を編集するために行われる座談会その他記事の収集のために、又は放送のための取材に通常要する費用は、交際費等に該当しない。

　　座談会運営費、取材活動費など編集制作のために要する費用は、一般には交際費等に該当するものであるが、出版社におけるこうした費用は租税特別措置法施行令において交際費等の範囲から除外する旨を特に定めているものである。したがって、これらの支出については、常時その支出の日時、接待又は物品の供与先、その理由、支出先、支払金額などを把握し、交際費等との分別処理をしておくことが必要である。

　　座談会運営費及び取材活動費には、取材活動を円滑に進めるために通常要する飲食等が含まれるが、それらの費用は、接待、きょう応を意図しての支出ではなく、その支出に必然性があり、かつ常識的な範囲内のものであれば、記事収集のための支出として交際費等に該当しない。

3）原価に算入された交際費等の調整（措通 61 の 4(2) − 7）

　棚卸資産、固定資産又は繰延資産の取得原価に交際費等が含まれている場合であっても、当該交際費等の額をその支出のあった事業年度の交際費等に加えて損金不算入額の計算をしなければならない。この場合には、当該事業年度の確定申告書で調整する方法により、これらの資産の原価に算入した交際費等の額のうち、損金不算入額から成る部分の金額を減算することができる。

　算式は、次の通りである。

$$\text{交際費等の損金不算入額} \times \frac{\text{棚卸資産等の取得価額に含まれている交際費等の金額（A）}}{\text{当期の支出交際費等の額}} = \text{申告調整により減額}$$

$$（A） = \text{製造原価に算入された交際費等の額} \times \frac{\text{期末棚卸資産}}{\text{売上原価＋期末棚卸資産}}$$

（注）この取扱いの適用を受けた場合には、その減額した金額につき翌事業年度において、その金額を益金に算入する。

4）交際費等の損金不算入（措法 61 条の 4 ①）

　法人[注1]が平成 26 年 4 月 1 日から令和 9 年（2027 年）3 月 31 日までの間に開始する各事業年度において支出する交際費等[注2]のうち、接待飲食費を 50％ まで損金算入することができる（飲食費自体の上限はなし）。

　そのうち、資本金等[注3] 1 億円以下の法人は、
① 定額控除限度額（800 万円）までの交際費の損金算入
② 支出した飲食費の 50％ を損金算入
のいずれか有利な方を選択適用することが可能となっている。

（注 1）該当事業年度終了の日における資本金等[注3]の額が 100 億円以下である法人
（注 2）交際費等の範囲から 1 人当たり 1 万円以下の飲食費等（役員・従業員等に対するものを除く）は除かれている（損金算入可）
（注 3）資本金等とは、租税特別措置法施行令第 37 条の 4（資本金の額又は出資金の額に準ずるものの範囲等）

11. 報酬・料金等に係る源泉課税

　所得税法は、「報酬・料金等」に係る支払いをする者に対して、その支払いの際、所得税の源泉徴収を義務付けている。特に、出版業と関係する「原稿等の報酬又は料金」については、おおむね次の通りである（所法204条）。

1）源泉徴収税率（所法205条）
① 1回の支払金額のうち100万円以下×10.21％
② 1回の支払金額が100万円を超える場合は、その超える部分の金額×20.42％

（注）税率は、復興特別所得税との合計税率（平成25年1月1日から令和19年12月31日まで）、1円未満の端数を切り捨てた金額

2）原稿等の報酬・料金に係る一覧表（所法205条、所令320条、所基通204-6～10）

報酬又は料金の区分	左の報酬又は料金に該当するもの（源泉徴収必要）	左の報酬又は料金に類似するが該当しないもの（源泉徴収不要）
原稿の報酬	(1) 原稿料 (2) 演劇・演芸の台本の報酬 (3) 口述の報酬、雑誌等に掲載する座談会の報酬 (4) 映画のシノプス（筋書）料 (5) 文、詩、歌、標語等の懸賞の入賞金 (6) 書籍等の編纂料又は監修料、校閲料	(1) 懸賞応募作品の選稿料又は審査料 (2) 試験問題の出題料又は各種答案の採点料 (3) クイズ等の問題又は解答の投書に対する賞金等 (4) ラジオ、テレビその他のモニターに対する報酬 (5) 鑑定料 (6) 直木賞、芥川賞、野間賞、菊池賞等としての賞金品
挿絵の報酬	書籍、雑誌、新聞等の挿絵の料金	
作曲の報酬	作曲、編曲の報酬	
写真の報酬	雑誌、広告その他印刷物に掲載するための写真の報酬・料金	
レコード、テープ又はワイヤーの吹込みの報酬	映画フィルムのナレーションの吹き込みの報酬	

報酬又は料金の区分	左の報酬又は料金に該当するもの（源泉徴収必要）	左の報酬又は料金に類似するが該当しないもの（源泉徴収不要）
デザインの報酬	(1) 映画関係の原画料、線画料又はタイトル料 (2) テレビジョン放送のパターン製作料 (3) 標章の懸賞の入賞金 （デザインの範囲は、所基通204－7参照）	(1) 織物業者が支払ういわゆる意匠料（図案を基に織原版を作成するに必要な下画の写調料）又は紋切料（下画を基にする織原版の作成料） (2) 字又は絵等の看板書き料、筆耕料
放送謝金	ラジオ放送、テレビジョン放送の謝金等	
著作権等の使用料	(1) 書籍の印税 (2) 映画、演劇又は演芸の原作料、上演料等 （著作権使用料の意義は、所基通161－35参照）	日本音楽著作権協会などに対して支払う使用料
著作隣接権の使用料	レコードの吹き込みによる印税等	商業用レコードの二次使用料（著作権法95条①、97条①）
講演の報酬・料金	講演を依頼した場合の講師に支払う謝金	ラジオ、テレビジョンその他のモニターに対する報酬
技芸、スポーツ、知識等の教授・指導料	(1) 生け花、茶の湯、舞踊、囲碁、将棋等の遊芸師匠の実技指導の対価の謝金等 (2) 編物、ペン習字、着付、料理、ダンス等の教授・指導料 (3) 各種資格取得講座の講師謝金等	
脚本の報酬・料金	映画、演劇、演芸等の脚本料	
脚色の報酬・料金	潤色料（脚本の修正、補正料）、プロット料（粗筋、構想料）等	
翻訳又は通訳の報酬・料金	翻訳の料金、通訳の料金	手話通訳の報酬・料金
校正の報酬・料金	書籍、雑誌等の校正の料金	
速記の報酬・料金	速記料	
書籍の装丁の報酬・料金	書籍の装丁料	製本の料金

報酬又は料金の区分	左の報酬又は料金に該当するもの（源泉徴収必要）	左の報酬又は料金に類似するが該当しないもの（源泉徴収不要）
版下の報酬・料金	(1) 原画又は原図から直ちに凸版、凹版、平版等を製版することが困難である場合にその原画又は原図を基として製版に適する下画又は下図を写調する報酬・料金 (2) 原画又は原図を基として直接亜鉛版に写調する報酬・料金 (3) 活字の母型下を作成する報酬・料金 (4) 写真製版用写真原版の修整料	(1) 図案等のプレス型の彫刻料 (2) 織物業者が支払う意匠料又は紋切料 (3) 写真植字料
モデルの業務に関する報酬・料金	(1) ファッションモデル等の報酬・料金 (2) 雑誌、広告その他の印刷物にその容姿を掲載させることにより支払われる報酬・料金 （所法205条、所令320、322、所基通204－20～23参照）	
事業の広告宣伝のための賞金	事業の広告宣伝のために賞として支払う金品その他の経済上の利益 （賞金品の額－50万）× 　　　　　　10.21％＝徴収額 （所法205条、所令320⑦、321、322、所基通204－31～34参照）	(1) 旅行その他の役務の提供を内容とする経済上の利益で金品との選択をすることができないもの (2) 社会的に顕彰される行為、業績等を表彰するために支払う賞金品等で、社会通念上それが支払者の営む収益事業と関連のないもの

(注1) 上記の表中の原稿の報酬に該当する「文、詩、歌、標語等の懸賞の入賞金」及びデザインの報酬に該当する「標章の懸賞の入賞金」に対する源泉徴収について
〔所基通204－10〕
　法204条第1項第1号に掲げる報酬又は料金のうち次のいずれかに該当するもので、同一人に対して1回に支払うべき金額が少額（おおむね5万円以下）のものについては、源泉徴収をしなくて差し支えない。
(1) 懸賞応募作品等の入選者に支払う賞金等　(2) 新聞、雑誌等の読者投稿欄への投稿者又はニュー

ス写真等の提供者に支払う謝金等（あらかじめその投稿又は提供を委嘱した者にその対価として支払うものを除く。）(3) 略

(注2) 支払を受ける者が法人以外の団体等である場合の所法204条の規定の適用について
〔所基通204－1〕
法204条第1項各号に掲げる報酬、料金、契約金又は賞金の支払を受ける者が、官庁等の部、課、係、研究会又は劇団若しくは楽団等の名称のものであって、人格のない社団等に該当するかどうかが明らかでない場合には、その支払を受ける者が次のいずれかに掲げるような事実を挙げて人格のない社団等であることを立証した場合を除き、同項の規定の適用があるものとする。(1) 法人税を納付する義務があること (2) 定款、規約又は日常の活動状況からみて個人の単なる集合体ではなく団体として独立して存在していること。

(注3) 報酬又は料金の支払者が負担する旅費について
〔所基通204－4〕
法204条第1項第1号、第2号、第4号及び第5号に掲げる報酬又は料金の支払をする者が、これらの号に掲げる報酬又は料金の支払の基因となる役務を提供する者の当該役務を提供するために行う旅行、宿泊等の費用も負担する場合において、その費用として支出する金銭等が、当該役務を提供する者（同項第5号に規定する事業を営む個人を含む。）に対して交付されるものでなく、当該報酬又は料金の支払をする者から交通機関、ホテル、旅館等に直接支払われ、かつ、その金額がその費用として通常必要であると認められる範囲内のものであるときは、当該金銭等については、204－2及び204－3にかかわらず、源泉徴収をしなくて差し支えない。

3）消費税法上の取扱い

印税・原稿料（著作権の使用料）の消費税法上の取扱い等については、おおむね次の通りである。

(1) 課税資産の譲渡等に該当 (消法2条①八、②、消基通5－4－1、5－4－2)

　　印税・原稿料の支払いを伴う著作権の使用は、消費税の課税対象となる（資産の貸付又は権利の設定に該当する）。

(2) 課税仕入れに該当 (消法2条①十二、消基通11－1－1、11－1－3)

　　国内の著作権使用料については、適格請求書発行事業者の印税・原稿料は課税仕入れの対象とすることができる。

※適格請求書発行事業者以外の者からの課税仕入れは、原則として適用されない（ただし、令和5年(2023年)10月1日から令和11年(2029年)9月30日の6年間は経過措置あり）。

(3) 譲渡等の時期 (消基通9－1－21)

　　著作権の使用については、原則として、印税・原稿料の額が確定し、支払債務が発生した日が譲渡等の時期となる。

(4) 印税・原稿料の源泉徴収
　① 印税・原稿料（報酬・料金等）に対する源泉徴収対象額は、原則として、報酬・料金等に消費税等の額を含めた額となる。
　② 支払いを受ける者（著者等）からの請求書等において印税・原稿料の額と消費税等の額が明確に区分されている場合は、印税・原稿料の額を対象とする。この場合には、当該消費税等の額をそれぞれの法定調書の「摘要」欄に記載することが必要となる。なお、出版契約書で本体価格を使用料の算定基準とし、消費税等は別途としている場合又は支払通知書等で明確に区分されているものは、区分されている場合として取り扱われる。

○消費税法等の施行に伴う源泉所得税の取扱いについて

　　　　　　　　　　　　　　　　　　　　平成元年1月30日直法6－1（例規）
　　　　　　　　　　　　　　　　　　　　平成9年2月26日課法8－1（例規）
　　　　　　　　　　　　　　　　　　　　平成26年3月5日課法9－1（法令解釈通達）

1．及び2．（略）
3．報酬・料金等所得等に対する源泉徴収
所得税法第204条第1項の規定が適用される報酬・料金等並びに同法第212条第1項又は第3項の規定が適用される国内源泉所得又は報酬若しくは料金等（以下「報酬・料金等」という。）が支払われる場合において、当該報酬・料金等が消費税法第28条に規定する消費税の課税標準たる課税資産の譲渡等の対価の額にも該当するときの源泉徴収の対象とする金額は、原則として、消費税及び地方消費税の額を含めた金額となる。ただし、報酬・料金等の支払を受ける者からの請求書等において報酬・料金等の額と消費税及び地方消費税の額が明確に区分されている場合には、当該報酬・料金等の額を源泉徴収の対象とする金額として差し支えない。

---

(5) 請求書等の範囲（消法30条⑨三、消基通11－6－6）
　　令和5年の改正消費税法により、仕入税額控除の要件は法定事項が記載された帳簿および請求書等の保存に変更された（この請求書等には、適格請求書、適格簡易請求書のほか、仕入明細書等やそれらの電磁的記録を含む）。「原稿料等の報酬・料金」関係では、著者等から請求書又は領収書等を発行されない場合もあり、その取扱いについて国税庁に照会した結果、以下のとおりの取扱いとなった。

「執筆者等の中には、領収書等の返送をしない者もあり、又は印税・原稿料等を銀行振込みによって支払っている場合もあるので、［請求書等の範囲］に規定する［課税仕入れの相手方の確認

を受けたもの］としては、返送を受けるべき領収書又は支払調書並びに支払通知書等に、

> 『お支払いした金額に誤りがある旨の御連絡がない場合はお支払いの金額により確定したものとして取り扱わせていただきます。』

との文言を入れて相手方に通知することにより、その控えを保存することで消費税基本通達11－6－6（課税仕入れの相手方の確認を受ける方法）に該当し、消費税法第30条第9項第3号の書類に該当するものとして取り扱って差し支えない。」

4）印紙税の取扱い

(1) 著者等からの受取書

　金銭又は有価証券に関する受取書は第17号文書となるが、営業に関しない受取書については、印紙税は課税されない。

(2) 出版契約書

　出版契約書は、無体財産権（特許権、著作権など）の使用又は実施に関する契約書にあたり不課税文書（収入印紙は不要）である。なお、著作権の譲渡は、無体財産権の譲渡に関する契約書（第1号文書）に該当する。

(3) 再販売価格維持契約書

　出版社－取次店間の再販売価格維持契約書及び覚書は、取次店が出版物を取次店又は小売店に販売する場合は再販売価格維持契約書を締結したうえで販売すること等を取り決めたものであり、取次店又は小売店の販売価格（再販売価格）を定めるものではないから、「再販売価格を定めるもの」（印紙税法施行令26条①）に該当しないが、取次店－小売店間の再販売価格維持契約書はこれに該当する。なお、取次店－小売店間の覚書は、課税物件表に掲げるものに該当しない。

　また、出版社－小売店間の契約書については、取次店－小売店間の契約書と同等の扱いとなり、「再販売価格を定めるもの」に該当し、覚書については該当しない。

① 出版社－取次店間の契約書及び覚書 ……　不課税文書
② 取次店－小売店間の契約書 ……　第7号文書（継続的取引の基本となる契約書）
③ 取次店－小売店間の覚書 ………　不課税文書
④ 出版社－小売店間の契約書 ……　第7号文書（継続的取引の基本となる契約書）
⑤ 出版社－小売店間の覚書 ………　不課税文書

12. 非居住者又は外国法人に係る源泉課税

　非居住者又は外国法人に対し、国内において源泉徴収の対象となる国内源泉所得の支払いをする者は、その支払いをする際、所得税を源泉徴収することを義務づけている（所法212条）。ただし、日本との間で租税条約を締結している国の場合は、その租税条約の定めるところによる。

1) 課税所得と徴収税額
① 課税所得は、所得税法第161条「国内源泉所得」に規定するものをいう。
② 徴収税額は、原則として支払金額に20.42／100を乗じて計算した金額である（所法213条）。

（注）外貨で表示されている支払額の邦貨換算は、所基通213－1、2を参照。

2) 軽減、免税の手続
　租税条約に基づいて所得税の軽減、免除を受けるためには、所得の支払いを受ける者が、所定の届出書（使用料については様式3・P.51参照）を2部作成しその支払者を経由して、所轄税務署に提出する必要がある（届出書の提出は、契約毎でよい。変更があれば変更届出が必要である。）。

3) 使用料等の範囲（所法161条十一、所基通161－35）
　使用料については、OECDモデル租税条約第12条2項で「文学上、美術上若しくは学術上の著作物（映画フィルムを含む）の著作権、特許権、商標権、意匠、模型、図面、秘密方式若しくは秘密工程の使用若しくは使用の権利の対価として、〈中略〉…産業上、商業上若しくは学術上の経験に関する情報の対価として受領するすべての種類の支払金」と定義しており、各租税条約の多くもこの定義を採用している。一部の租税条約では、使用料を文化的使用料と工業的使用料に区分して、文化的使用料について免税としているものが多い。

4) 消費税法上の取扱い（消基達5－6－3、消法4条、消令6条①七）
　消費税は、輸入取引については貨物に限定して課税することとされているので、国外の著作権（非居住者も含む）を使用する場合は課税されない。したがって、国外の印税・原稿料、翻訳権使用料等はいずれも課税対象外となる。なお、国外か国内かの判定は、著作権等を使用させる者（著作権者等）の住所地による。

5）租税条約上の取扱い一覧表

租税条約における著作権等の使用料の限度税率は、以下の通りである。

〔租税条約締約国と税率一覧〕　（2025.1.6 現在）

	国名	税率%	条項		国名	税率%	条項
1	アイスランド	免税	12	31	サウジアラビア	10	12
2	アイルランド	10	13	32	ザンビア	10	11
3	アゼルバイジャン	7	12	33	ジャマイカ	10	12
4	アメリカ	免税	12	34	ジョージア	免税	12
5	アラブ首長国連邦	10	12	35	シンガポール	10	12
6	アルジェリア	10	12	36	スイス	免税	12
7	アルメニア	＊免税	9	37	スウェーデン	免税	12
8	イギリス	免税	12	38	スペイン	免税	12
9	イスラエル	10	12	39	スリランカ	＊免税	8
10	イタリア	10	12	40	スロバキア	＊免税	12
11	インド	10	12	41	スロベニア	5	12
12	インドネシア	10	12	42	セルビア	＊5	12
13	ウクライナ	＊免税	9	43	タイ	15	12
14	ウズベキスタン	＊免税	9	44	大韓民国	10	12
15	ウルグアイ	10	12	45	タジキスタン	＊免税	9
16	エクアドル	10	12	46	チェコ	＊免税	12
17	エジプト	15	10	47	中華人民共和国	10	12
18	エストニア	5	12	48	〃 香港	5	12
19	オーストラリア	5	12	49	チリ	10	12
20	オーストリア	免税	12	50	デンマーク	免税	12
21	オマーン	10	12	51	ドイツ	免税	12
22	オランダ	免税	12	52	トルクメニスタン	＊免税	9
23	カザフスタン	5	12	53	トルコ	10	12
24	カタール	5	12	54	ニュージーランド	5	12
25	カナダ	10	12	55	ノルウェー	10	12
26	ギリシャ	5	12	56	パキスタン	10	12
27	キルギス	＊免税	9	57	ハンガリー	＊免税	12
28	クエート	10	12	58	バングラデシュ	10	12
29	クロアチア	5	12	59	フィジー	10	8
30	コロンビア	10	12	60	フィリピン	10	12

＊は文化的使用料。

〔租税条約締約国と税率一覧〕　（2025.1.6 現在）

	国名	税率%	条項		国名	税率%	条項
61	フィンランド	10	12	72	マレーシア	10	12
62	ブラジル	12.5	11	73	南アフリカ	10	12
63	フランス	免税	12	74	メキシコ	10	12
64	ブルガリア	10	12	75	モルドバ	*免税	9
65	ブルネイ	10	12	76	モロッコ	10	12
66	ベトナム	10	12	77	ラトビア	免税	12
67	ベラルーシ	*免税	9	78	リトアニア	免税	12
68	ペルー	15	12	77	ルーマニア	*10	12
69	ベルギー	免税	12	80	ルクセンブルグ	10	12
70	ポーランド	*免税	12	81	ロシア	免税	12
71	ポルトガル	5	12				

* は文化的使用料。　【台湾】10%（公益財団法人日本台湾交流協会と台湾日本関係協会との間の取決め）

[手続名]	租税条約に関する届出（使用料に対する所得税及び復興特別所得税の軽減・免除）

[概要]
我が国と租税条約を締結している国の居住者（法人を含みます。）が、支払を受ける工業所有権又は著作権等の使用料について、租税条約の規定に基づき源泉徴収税額の軽減又は免除を受けるために行う手続です。

[手続根拠]　租税条約等の実施に伴う所得税法、法人税法及び地方税法の特例等に関する法律の施行に関する省令第2条～第2条の5、第9条の5～第9条の9

[手続対象者]　上記［概要］欄の源泉徴収税額の軽減又は免除を受けようとする者

[提出時期]　最初に使用料の支払を受ける日の前日までに提出してください。

[作成・提出方法]　使用料の支払者ごとに届出書を作成して使用料の支払者に提出し、使用料の支払者は、その支払者の所轄税務署長に提出してください。この届出書の提出後その記載事項に異動が生じた場合も同様です。

[手数料]　不要です。

[添付書類・部数]
1　適用を受ける租税条約の規定が特典条項の適用対象となる規定である場合には、「特典条項に関する付表（様式17）」（同様式に規定する添付書類を含みます。）を添付してください。
2　適用を受ける租税条約に両国間で課税上の取扱いが異なる事業体に関する規定がある場合には、次の点にご注意ください。
(1) 外国法人が支払を受ける使用料であって、租税条約の規定によりその株主等の所得として取り扱われるものについては、相手国の居住者である株主等（その株主等の受益する部分に限ります。）の所得として取り扱われる部分についてのみ租税条約の規定の適用を受けることができます。これに該当する外国法人は、次の書類を添付してください。
①外国法人が支払を受ける使用料が、相手国の法令においてその株主等の所得として取り扱われる場合には、その株主等が課税を受けていることを明らかにする書類（該当する場合のみ添付してください。）
②「外国法人の株主等の名簿（様式16）」
③その租税条約の適用を受けることができる株主等がその外国法人の株主等であることを明らかにする書類
④相手国の権限ある当局の株主等である者の居住者証明書
　なお、この場合には、「特典条項に関する付表（様式17）」（その添付書類を含みます。）については、③の各株主等のものを添付してください。
(2) 相手国の居住者に該当する団体であって、日本ではその構成員が納税義務者とされる団体の構成員（その団体の居住地国の居住者だけでなく、それ以外の国の居住者や日本の居住者も含みます。）は、この届出書に次の書類を添付してください。
　なお、その団体の構成員のうち特定の構成員が他のすべての構成員から「相手国団体の構成員の名簿（様式16）」に記載すべき事項について通知を受けその事項を記載した「相手国団体の構成員の名簿（様式16）」を提出した場合には、すべての構成員が届出書を提出しているものとみなされます。
①団体が支払を受ける使用料が、居住地国の法令においてその団体の所得として取り扱われる場合には、その団体が課税を受けていることを明らかにする書類（該当する場合のみ添付してください。）
②「相手国団体の構成員の名簿（様式16）」
③②に記載された構成員が使用料の支払を受ける団体の構成員であることを明らかにする書類
④相手国の権限ある当局の団体の居住者証明書
　なお、この場合には、「特典条項に関する付表（様式17）」（その添付書類を含みます。）は、使用料の支払を受ける団体のものを添付してください。
3　この届出書を納税管理人以外の代理人によって提出する場合には、その委任関係を証する委任状をその翻訳文とともに添付してください。
（注）この届出書に記載された事項その他租税条約の規定の適用の有無を判定するために必要な事項については、別に説明資料を求めることがあります。

[申請書様式・記載要領]　租税条約に関する届出書（使用料に対する所得税及び復興特別所得税の軽減・免除）

[提出先]
使用料の支払者を経由してその支払者の所轄税務署に提出してください（税務署の所在地については、国税庁ホームページの「組織（国税局・税務署等）」の「税務署の所在地などを知りたい方」をご下さい。）。

＊国税庁HP「税の情報・手続・用紙＞＞＞A3　源泉所得税（租税条約等）関係」より。届出書の実物はA4判。

租税条約に関する届出書（様式3）

様式 3
FORM

租 税 条 約 に 関 す る 届 出 書
APPLICATION FORM FOR INCOME TAX CONVENTION

使用料に対する所得税及び復興特別所得税の軽減・免除
Relief from Japanese Income Tax and Special Income Tax for Reconstruction on Royalties

この届出書の記載に当たっては、別紙の注意事項を参照してください。
See separate instructions.

税務署受付印

税務署整理欄
For official use only

適用；有、無

番号確認　身元確認

☐ 限度税率＿＿＿％
　Applicable Tax Rate
☐ 免　税（注11）
　Exemption (Note 11)

＿＿＿＿＿＿税務署長殿
To the District Director,＿＿＿＿＿＿＿＿＿Tax Office

1　適用を受ける租税条約に関する事項；
　Applicable Income Tax Convention
　日本国と＿＿＿＿＿＿＿＿＿＿との間の租税条約第＿＿条第＿＿項
　The Income Tax Convention between Japan and＿＿＿＿＿＿＿＿, Article＿＿, para.＿＿

2　使用料の支払を受ける者に関する事項；
　Details of Recipient of Royalties

氏　名　又　は　名　称 Full name	
個人番号又は法人番号（有する場合のみ記入） Individual Number or Corporate Number (Limited to case of a holder)	
個人の場合 Individual	住　所　又　は　居　所 Domicile or residence（電話番号 Telephone Number）
	国　　　　　籍 Nationality
法人その他の団体の場合 Corporation or other entity	本店又は主たる事務所の所在地 Place of head office or main office（電話番号 Telephone Number）
	設立又は組織された場所 Place where the Corporation was established or organized
	事業が管理・支配されている場所 Place where the business is managed and controlled（電話番号 Telephone Number）
下記「4」の使用料につき居住者として課税される国及び納税地（注8） Country where the recipient is taxable as resident on Royalties mentioned in 4 below and the place where he is to pay tax (Note 8)	（納税者番号　Taxpayer Identification Number）
日本国内の恒久的施設の状況 Permanent establishment in Japan ☐ 有(Yes), ☐ 無(No) If "Yes", explain:	名　称 Name
	所　在　地 Address（電話番号 Telephone Number）
	事業の内容 Details of Business

3　使用料の支払者に関する事項；
　Details of Payer of Royalties

氏　名　又　は　名　称 Full name	
住所（居所）又は本店（主たる事務所）の所在地 Domicile (residence) or Place of head office (main office)	（電話番号 Telephone Number）
個人番号又は法人番号（有する場合のみ記入） Individual Number or Corporate Number (Limited to case of a holder)	
日本国内にある事務所等 Office, etc. located in Japan	名　称 Name（事業の内容 Details of Business）
	所　在　地 Address（電話番号 Telephone Number）

4　上記「3」の支払者から支払を受ける使用料で「1」の租税条約の規定の適用を受けるものに関する事項（注9）；
　Details of Royalties received from the Payer to which the Convention mentioned in 1 above is applicable (Note 9)

使用料の内容 Description of Royalties	契約の締結年月日 Date of Contract	契約期間 Period of Contract	使用料の計算方法 Method of Computation for Royalties	使用料の支払期日 Due Date for Payment	使用料の金額 Amount of Royalties

5　その他参考となるべき事項（注10）；
　Others (Note 10)

【裏面に続きます（Continue on the reverse）】

6 日本の税法上、届出書の「2」の外国法人が納税義務者とされるが、租税条約の規定によりその株主等である者（相手国居住者に限ります。）の所得として取り扱われる部分に対して租税条約の適用を受けることとされている場合の租税条約の適用を受ける割合に関する事項等（注4）；
Details of proportion of income to which the convention mentioned in 1 above is applicable, if the foreign company mentioned in 2 above is taxable as a company under Japanese tax law, and the convention is applicable to income that is treated as income of the member (limited to a resident of the other contracting country) of the foreign company in accordance with the provisions of the convention (Note 4)

届出書の「2」の外国法人の株主等で租税条約の適用を受ける者の氏名又は名称 Name of member of the foreign company mentioned in 2 above, to whom the Convention is applicable	間接保有 Indirect Ownership	持分の割合 Ratio of Ownership	受益の割合＝租税条約の適用を受ける割合 Proportion of benefit = Proportion for Application of Convention
	☐	%	%
	☐	%	%
	☐	%	%
	☐	%	%
	☐	%	%
合計 Total		%	%

届出書の「2」の欄に記載した外国法人が支払を受ける「4」の使用料について、「1」の租税条約の相手国の法令に基づきその株主等である者の所得として取り扱われる場合には、その根拠法令及びその効力を生じる日を記載してください。
If royalties mentioned in 4 above that a foreign company mentioned in 2 above receives are treated as income of those who are its members under the law in the other contracting country of the convention mentioned in 1 above, enter the law that provides the legal basis to the above treatment and the date on which it will become effective.

根拠法令 Applicable law _____ 効力を生じる日 Effective date ____年____月____日

7 日本の税法上、届出書の「2」の団体の構成員が納税義務者とされるが、租税条約の規定によりその団体の所得として取り扱われるものに対して租税条約の適用を受けることとされている場合の記載事項等（注5）；
Details if, while the partner of the entity mentioned in 2 above is taxable under Japanese tax law, and the convention is applicable to income that is treated as income of the entity in accordance with the provisions of the convention (Note 5)

他の全ての構成員から通知を受けこの届出書を提出する構成員の氏名又は名称_____
Full name of the partner of the entity who has been notified by all other partners and is to submit this form_____

届出書の「2」に記載した団体が支払を受ける「4」の使用料について、「1」の租税条約の相手国の法令に基づきその団体の所得として取り扱われる場合には、その根拠法令及びその効力を生じる日を記載してください。
If royalties mentioned in 4 above that an entity at mentioned in 2 above receives are treated as income of the entity under the law in the other contracting country of the convention mentioned in 1 above, enter the law that provides the legal basis to the above treatment and the date on which it will become effective.

根拠法令 Applicable law _____ 効力を生じる日 Effective date ____年____月____日

○ 代理人に関する事項 ； この届出書を代理人によって提出する場合には、次の欄に記載してください。
　　Details of the Agent ； If this form is prepared and submitted by the Agent, fill out the following columns.

代理人の資格 Capacity of Agent in Japan	氏名（名称） Full name		納税管理人の届出をした税務署名 Name of the Tax Office where the Tax Agent is registered
☐ 納税管理人 ※ 　Tax Agent ☐ その他の代理人 　Other Agent	住所（居所・所在地） Domicile (Residence or location)	（電話番号 Telephone Number）	税務署 Tax Office

※ 「納税管理人」とは、日本国の国税に関する申告、申請、請求、届出、納付等の事項を処理させるため、国税通則法の規定により選任し、かつ、日本国における納税地の所轄税務署長に届出をした代理人をいいます。

※ "Tax Agent" means a person who is appointed by the taxpayer and is registered at the District Director of Tax Office for the place where the taxpayer is to pay his tax, in order to have such agent take necessary procedures concerning the Japanese national taxes, such as filing a return, applications, claims, payment of taxes, etc., under the provisions of Act on General Rules for National Taxes.

○ 適用を受ける租税条約が特典条項を有する租税条約である場合；
　　If the applicable convention has article of limitation on benefits
特典条項に関する付表の添付 ☐有Yes
"Attachment Form for Limitation on Benefits Article" attached
☐添付省略Attachment not required
（特典条項に関する付表を添付して提出した租税条約に関する届出書の提出日
Date of previous submission of the application for income tax convention with the "Attachment Form for Limitation on Benefits Article"　____年____月____日）

様 式 3
FORM

「租税条約に関する届出書(使用料に対する所得税及び復興特別所得税の軽減・免除)」に関する注意事項
INSTRUCTIONS FOR "APPLICATION FORM FOR RELIEF FROM JAPANESE INCOME TAX AND SPECIAL INCOME TAX FOR RECONSTRUCTION ON ROYALTIES"

注 意 事 項

届出書の提出について

1　この届出書は、使用料に係る日本国の所得税及び復興特別所得税の源泉徴収額について租税条約の規定に基づく軽減又は免除を受けようとする場合に使用します。

2　この届出書は、使用料の支払者ごとに作成してください。

3　この届出書は、正副2通を作成して使用料の支払者に提出し、使用料の支払者は、正本を、最初にその使用料の支払をする日の前日までにその支払者の所轄税務署長に提出してください。この届出書の提出後その記載事項に異動が生じた場合も同様です。

4　適用を受ける租税条約に両国間で課税上の取扱いが異なる事業体に関する規定がある場合には、次の点にご注意ください(5において同じです。)。
　外国法人が支払を受ける使用料であって、租税条約の規定によりその株主等の所得として取り扱われるものについては、相手国の居住者である株主等(その株主等の受益する部分に限ります。)の所得として取り扱われる部分についてのみその租税条約の規定の適用を受けることができます。上記に該当する外国法人は、次の書類を添付して提出してください。
① 届出書の「2」の欄に記載した外国法人が支払を受ける使用料が、相手国の法令においてその株主等の所得として取り扱われる場合には、その株主等が課税を受けていることを明らかにする書類(該当する場合のみ添付してください。)
② 「外国法人の株主等の名簿(様式16)」
③ その租税条約の適用を受けることができる株主等がその外国法人の株主等であることを明らかにする書類
④ 相手国の権限ある当局の株主等である者の居住者証明書
　なお、この場合には、「特典条項に関する付表(様式17)」(その添付書類を含みます。)については、③の各株主等のものを添付してください。

5　その租税条約の相手国の居住者に該当する団体であって、日本ではその構成員が納税義務者とされる団体の構成員(その団体の居住地国の居住者だけでなく、それ以外の国の居住者や日本の居住者も含みます。以下同じです。)は、この届出書に次の書類を添付して提出してください。
　なお、その団体の構成員のうち特定の構成員が他の全ての構成員から届出書の「2」に記載すべき事項について通知を受けその事項を記載した「相手国団体の構成員の名簿(様式16)」を提出した場合には、全ての構成員が届出書を提出しているものとみなします。
① 届出書の「2」の欄に記載した団体が支払を受ける使用料が、居住地国の法令において団体の所得として取り扱われる場合には、その団体が課税を受けていることを明らかにする書類(該当する場合のみ添付してください。)
② 「相手国団体の構成員の名簿(様式16)」
③ 「相手国団体の構成員の名簿(様式16)」に記載された構成員が届出書の「2」の団体の構成員であることを明らかにする書類
④ 相手国の権限ある当局の団体の居住者証明書
　なお、この場合には、「特典条項に関する付表(様式17)」(その添付書類も含みます。)は、届出書の「2」の欄に記載した団体のものを添付してください。

6　この届出書を納税管理人以外の代理人によって提出する場合には、その委任関係を証する委任状をその翻訳文とともに添付してください。

届出書の記載について

7　届出書の□欄には、該当する項目について✓印を付してください。

8　納税者番号とは、租税の申告、納付その他の手続を行うために用いる番号、記号その他の符号でその手続をすべき者を特定することができるものをいいます。支払を受ける者の居住地である国に納税者番号に関する制度が存在しない場合や支払を受ける者が納税者番号を有しない場合には納税者番号を記載する必要はありません。

【裏面に続きます】

INSTRUCTIONS

Submission of the FORM

1　This form is to be used by the Recipient of Royalties in claiming the relief from Japanese Income Tax and Special Income Tax for Reconstruction under the provisions of the Income Tax Convention.

2　This form must be prepared separately for each Payer of Royalties.

3　This form must be submitted in duplicate to the Payer of Royalties, who has to file the original with the District Director of Tax Office for the place where the Payer resides, by the day before the payment of the Royalties is made. The same procedures must be followed when there is any change in the statements on this form.

4　In the case where there exists an applicable convention between both countries with provisions for an entity that is treated differently for tax purposes, the next point should be noted. (same as for column 5)
　For royalties that a foreign company receives and that are treated as income of its members under the provision of the convention, the provision of the convention is applicable to only the portion that is treated as income of members who are residents in the other contracting country (limited to the portion that its members receive).Such foreign company should attach the following documents to this form:
① In the case that royalties that a foreign company mentioned in 2 above receives are treated as income of its members under the law in the other contracting country, documents showing that tax is imposed on the members (only when applicable).
② "List of the Members of Foreign Company (Form 16)"
③ Documents showing that the member to whom the Income Tax Convention is applicable is a member of the foreign company.
④ The residency certification for shareholders of competent authority in the other country.
Also attach "Attachment Form for Limitation on Benefits Article (Form 17)"(including attachment) completed for each of the members described in ③.

5　A Partner of an entity that is a resident of the Contracting State other than Japan under the Income Tax Convention (including a partner that is resident of Japan or any other country, in addition to the country of which the entity is a resident; the same applies below) and whose partners are taxable persons in Japan must submit this form attached with the following documents.
　If a specific partner of the entity is notified of required information to enter in "List of the Partners of Entity (Form 16)"by all of the other partners and submits "List of the Partners of Entity (Form 16)" filled with the notified information, all of the partners are deemed to submit the application form.
① In the case that royalties that an entity mentioned in 2 above receives are treated as income of the entity under the law its residence country, documents showing that tax is imposed on the entity (only when applicable).
②"List of the Partners of Entity (Form 16)"
③ Documents showing that the partners mentioned in "List of the Partners of Entity (Form 16)"are partners of the entity mentioned in 2
④ The residency certification for entity of competent authority in the other country.
　In this case, attach "Attachment Form for Limitation on Benefits Article (Form 17)" (including attachment) for the entity mentioned in 2.

6　An Agent other than the Tax Agent must attach a power of attorney together with its Japanese translation.

Completion of the FORM

7　Applicable boxes must be checked.

8　The Taxpayer Identification Number is a number, code or symbol which is used for filing of return and payment of due amount and other procedures regarding tax, and which identifies a person who must take such procedures. If a system of Taxpayer Identification Number does not exist in the country where the recipient resides, or if the recipient of the payment does not have a Taxpayer Identification Number, it is not necessary to enter the Taxpayer Identification Number .

【Continue on the reverse】

9 届出書の「4」の各欄には、使用料の支払を受ける者が日本国内に支店等の恒久的施設を有する場合は、その恒久的施設に帰せられない使用料について記載してください。
　工業所有権、著作権等の譲渡収益で租税条約において使用料に準じて取り扱われるものについては、その譲渡収益の内容、譲渡価額の計算方法、支払期日、支払金額等を、それぞれ使用料の場合に準じて記載してください。

10 届出書の「5」の欄には、「2」から「4」までの各欄に記載した事項のほか、租税の軽減又は免除を定める「1」の租税条約の適用を受けるための要件を満たす事情の詳細を記載してください。
　なお、使用料の支払を受ける者が、日仏租税条約1995年議定書3(b)(i)の規定に規定する組合又はその他の団体である場合には、その旨（組合その他の団体の種類、設立根拠法を記載してください。）、支払を受ける総額、フランスの居住者たる組合員又は構成員の持ち分の割合を記載し（組合員又は構成員全体の持ち分の明細を添付してください。）、また、フランスにおいて法人課税を選択している場合には、その選択している旨を記載してください。

11 租税条約に定める「1」の規定の適用を受けることにより免税となる場合には、使用料の支払の基因となった契約の内容を記載した書類（届出書「4」の記載事項などについて、契約の内容が判るもの）及び権限ある当局の発行する居住者証明書を添付してください。この場合において、届出書の「4」の記載事項については、記載を省略しても差し支えありません。（平成16年4月1日以後適用開始となる租税条約の適用を受ける場合に限ります。）
　なお、使用料の支払者に居住者証明書（提示の日前一年以内に作成されたものに限ります。）を提示し、届出書の「2」の欄に記載した事項について使用料の支払者の確認を受けたとき（届出書にその確認をした旨の記載がある場合に限ります。）は、居住者証明書の添付を省略することができます。
　この場合、上記の確認をした使用料の支払者は、届出書の「5」の欄に①確認をした旨（例：届出者から提示のあった居住者証明書により、届出書に記載された氏名又は名称その他の事項について確認しました。）、②確認者の氏名（所属）、③居住者証明書の提示を受けた日及び④居住者証明書の作成年月日をそれぞれ記載するとともに、提示を受けた居住者証明書の写しを作成し、提示を受けた日から5年間その国内にある事務所等に保存する必要があります。

　この届出書に記載された事項その他租税条約の規定の適用の有無を判定するために必要な事項については、別に説明資料を求めることがあります。

9 Enter into column 4 the Royalties which are not attributed to a permanent establishment in Japan of the Recipient (such Royalties as not accounted for in the books of the permanent establishment).
　As to be proceeds from alienation of patent, copyright, etc., to which the same treatment with royalties is applicable under the provisions of the Convention, enter into column 4 the description such as the content of the contract, method of computation for the amount of payment, due date for payment and the amount of the proceeds.

10 Enter into line 5 details of circumstance that the conditions for the application of the convention mentioned in 1 are satisfied, in addition to information entered in 2 thought 4.
　If the Recipient of Royalties is the partnership or other group of persons in the sense of the Article 3 (b) (i) of Protocol, 1995, of the Convention between Japan and the French Republic, enter into this column to that effect (kind of partnership or other group of persons,and the basis law for the establishment), total amount of Royalties, and the ratio of an interest of the French resident partners to that of all partners, together with the full details of interests of all partners. If the said partnership or other group of persons elects to be liable to the corporation tax in France, enter into this column to that effect.

11 If royalty will be exempted from tax by the application of the convention mentioned in 1 above , document which describes the content of the agreement underlying the royalty payment (document clarifying the content of the agreement regarding items in column 4) and the residency certification issued by the competent authority must be attached. In this case, it is not required to enter items of column 4 (only for the application of conventions that entered into effect on or after April 1, 2004).
　In the case that the recipient of the royalties shows his residency certification (certification must have been issued within one year prior to the showing) to the payer of the royalties, and the payer confirms items entered in column 2 (only in the case that the payer writes the fact of confirmation in the Application Form), attachment of the residency certification is not required.
　In this case, the payer of the royalties who confirms the above-mentioned items is required to enter: ① the fact of confirmation (e.g., 'I, the payer described in column 3, have confirmed the name of the recipient and other items entered in column 2 having been shown residency certification by the recipient.'); ② the name and affiliation of the individual who is making the confirmation; ③ the date that the certification is shown; and ④ the date of issue of the residency certification. The payer is also required to make a copy of the residency certification and keep the copy in his office, etc. located in Japan for five years from the date that the certification is shown.

　If necessary, the applicant may be requested to furnish further information in order to decide whether relief under the Convention should be granted or not.

索 引

■い
委託販売 ……………………………………… 4
飲食費 ………………………………… 36,38,40

■う
売上印税 ………………………………………9,10

■か
会議費 …………………………………………36,39
買切販売 ………………………………………… 5
割賦販売 ………………………………………… 20

■き
寄附金 ………………………………………… 36
給与等 ……………………………………36,37,38

■け
原価計算 ………………………………………… 7
原稿料 ……………………………7,9,34,44,45,47
源泉課税 ………………………………………41,47

■こ
交際費 …………………………………36,37,38,39,40

■し
紙型 …………………………………………34,35
使途秘匿金等 …………………………………36,39
常備寄託 …………………………5,11,14,15,20,30,31

■せ
製造間接費 …………………………………… 7,8,9
製造原価 ……………………………7,8,9,10,16,24,40
製造直接費 …………………………………… 7,8
広告宣伝費 …………………………………… 36,37

■そ
租税条約 ………………………………… 47,48,49,50

■た
単行本在庫調整勘定 ………………………11,13,14,16

■ち
注文販売 ………………………………………… 5

■て
出先在庫 ……………………………………… 5,32,33

■は
発行印税 ………………………………………… 9

■ふ
福利厚生費 …………………………………… 36,37

■へ
編集取材費 …………………………………… 36,39
返品債権特別勘定
 ……………………4,16,21,24,25,26,27,28,29
返品条件付販売 ……………………………… 4,17

■ほ
保証印税 ……………………………………… 10
翻訳権使用料 ………………………………… 10,47

■わ
割戻し …………………………………18,20,21,29,36,37